Victor Hugo
o la soberanía literaria
Émile Zola

www.archivosvola.es

rescatando el acervo

Victor Hugo

Artículo publicado en *Documents littéraires. Études et portraits*,

Eugène Fasquelle éditeur, París 1912

Traducción publicada en *La España moderna*, Madrid, s. f.

ISBN: 978-84-129819-2-6

Hecho en México
(Golfo de México)

Índice

VICTOR HUGO
(Besanzón, 1802 - París, 1885)
retratado por Nadar hacia 1884

VICTOR HUGO

I.
Importancia literaria de Victor Hugo.

En la historia de nuestra literatura, Voltaire es el único que puede compararse a Victor Hugo, por la enorme extensión que ocupó en su siglo y por la influencia soberana que tuvo en su generación. No hablo aquí del mérito literario absoluto, sino de un reinado indiscutible, que comenzó en la juventud y se impuso hasta una edad muy avanzada. Ambos a dos han tenido sendas sociedades bajo sus cetros; ambos a dos han podido creer que habían inmovilizado en ellos las fuerzas intelectuales de su raza. No llevo más adelante la comparación, porque al lado de una vida de gloria muy parecida existen profundas diferencias de temperamento. Bástame hacer notar cómo el fenómeno que presenciamos, la soberanía literaria encarnándose en un hombre, ha tenido un precedente en nuestra historia.

¡Qué vida tan admirable la de Victor Hugo! Estoy figurándome un joven ante la mesa de trabajo: un poeta que ha dejado caer su pluma y sueña con la gloria. ¡Ah! ¡Qué desfallecimiento, cuán vehemente ambición de crecer sentirá cuando surja ante él ese gigante, cuyos pies pisan el dintel del siglo, y cuya cabeza, siempre erguida, parece que quiere sumergirse en el siglo futuro! Llegar a su altura es un sueño insensato; muy difícilmente se podrá elevarse hasta su cintura o hasta sus hombros. Es muy posible morir joven. No será entonces pequeño triunfo haber tenido los músculos bastante fuertes para componer algunas estrofas, mientras que él ha labrado monumentos ciclópeos con los materiales inagotables de sus versos. Él es el maestro, ha tomado todas las ideas y todas las formas, y ahora cierra lo por venir; y para renovar la fórmula poética será necesario esperar a que sus obras maestras hayan envejecido en la memoria. No queda, pues, al poeta joven más camino que el de inclinarse y declararse simple discípulo. La existencia majestuosa de Victor Hugo lo anonada.

A la edad de diez años, en España, adonde había ido para reunirse con su padre, comienza Victor Hugo a balbucir sus rimas. A los catorce escribe en el colegio una tragedia, *Irtamena*, que no es seguramente peor que las tragedias de aquel tiempo. A los quince toma parte en el concurso poético abierto por la *Academia* sobre el tema: *Ventajas del estudio*, y si no alcanza el premio, débese a que la grave corporación cree que el poeta niño se ha burlado de ella indicando su edad. En los concursos académicos celebrados durarte los siguientes años en París y Tolosa, Victor Hugo se cubre de laureles. Victor Hugo es desde entonces, según la frase de Chateaubriand, "un niño sublime". Andando los tiempos, y si se forma una leyenda, se dirá que voces angélicas y liras sonaron en los aires en el instante de su nacimiento.

Todavía no era sino un *niño prodigio*, pero el joven sigue engrandeciéndose.

Veinte años tiene cuando publica sus dos primeras novelas: *Han de Islandia* y *Bug-Jargal*, y aún tengo para mí que ésta leyenda la escribió a los diez y seis años. Después aparecen sus *Odas y Baladas*, con que nace verdaderamente un gran poeta. Caminaba hasta ese momento el joven en medio de triunfos halagadores; los ancianos y las señoras le celebraban; otro cualquiera se habría anegado en aquel dulce mar de lisonjas. Victor Hugo llevaba una fuerza; se desligó de aquellos triunfos de salón, revelándose bruscamente como revolucionario. Tenía entonces veinticinco años; entonces fue cuando su fortuna literaria quedó realmente decidida.

No estoy escribiendo una biografía detallada; intento solamente indicar, en muy pocos rasgos, la vida extraordinaria de este hombre. a los veinticinco años es ya jefe de una escuela literaria. Varios jóvenes se habían reunido en rededor de él; una doctrina literaria se esbozó en el curso de sus conversaciones; doctrina cuyos principios fueron expuestos en un periodiquito titulado *La musa francesa*. Por último: el maestro mismo habló, lanzó su manifiesto, el famoso prefacio de *Cromwell*, y la escuela romántica quedó fundada. No todo aquello era nuevo seguramente: la fórmula nueva se limitaba a precisar ideas lentamente aportadas por los precursores. Pero bastaba que hubiese nacido un hombre para dar a esa fórmula brillo incomparable. Victor Hugo encarnó todo el movimiento de la primera mitad del siglo. Desde poeta discretamente celebrado, se elevó a la categoría de poeta discutido. Llegó a ser hombre de combate y de victoria. a la edad de veintisiete años, en 1830, ya reinaba. Entonces es cuando se desliza ese período maravilloso de su existencia, de 1830 a 1848, su reinado sobre la literatura francesa, su omnipotencia sobre la generación que nacía, ese dominio de las almas que extendía en torno suyo, y cuyo extraño poder ha durado hasta nuestros días. Brillaba como rey asentado en su trono en medio de una corte entusiasta y respetuosa; los poetas jóvenes recién llegados a París éranle presentados como vasallos que le debían homenaje, y los pobres muchachos, casi se desvanecían en la escalera: ¡con tal fuerza palpitaba su corazón! También iban a inclinarse ante él escritores de gran entendimiento. Luis XIV no tuvo seguramente cortesanos más fieles ni más humildes. Se oficiaba delante de aquel monarca literario; los mismos que a espaldas del gran poeta bromeaban hablando de él, palidecían en su presencia y humillaban la frente. Tales son los hechos. Durante aquel tiempo, el rey, producía sus obras maestras.

Podía temerse que al cabo de diez y ocho años de dominación, el respeto disminuyese, sobre todo de parte de la generación joven que crecía. Pero Victor Hugo debía tener todas las venturas. La fortuna, hiriéndole, acabó de ensalzarle. En el momento en que su poder iba quizá a debilitarse, a fuerza de dicha, la suerte hizo del poeta un proscrito, y por aquel golpe el rey se convirtió en Dios. No sostengo una paradoja. ¿No es verdad que el destierro engrandeció a Victor Hugo? ¿No es verdad también que el Imperio, arrojándole de Francia, lo colocó sobre su roca de Guernesey como sobre un pedestal indestructible? Es necesario referirse a esos años del Imperio para comprender la altura que el poeta adquiría visto desde lejos. Para todos nosotros, jóvenes de veinte años, aparecía en lontananza como un coloso encadenado, cantando todavía en medio de las tempestades; era Prometeo, era sobrehumano, dominaba a Francia, a la que acechaba desde lejos con su mirada de águila. A veces el viento parecía traernos algunas páginas del poeta, y nosotros las devorábamos y pensábamos que con leerlas contribuíamos a una victoria sorda contra la tiranía.

Aquel poeta que insultaba tan violentamente al Imperio, había concluido por hacerse respetar del Imperio mismo. Cuando aparecieron *La Leyenda de los siglos* y *Los Miserables*, se oyó un inmenso grito de admiración, y se pudieron leer los elogios de esas obras hasta en los periódicos más adictos a la dinastía. Íbase en peregrinación a Guernesey. La ausencia acababa de elevar a Victor Hugo hasta las nubes. Y no era esto sólo; ante Europa, que contemplaba atenta, ante los pueblos que se apasionaban y los reyes que se estremecían, habíase entablado un duelo entre aquel poeta y un emperador. Expulsado de Francia por Napoleón III, después de haber arrojado al rostro de aquel soberano todo el lodo recogido en los caminos del destierro, Victor Hugo, fuerte y sereno, esperaba a que su enemigo se hundiese; y la serenidad de su esperanza, la certidumbre que parecía tener de su triunfo, eran ya como una sacudida dada al trono. El Emperador ha debido de pensar muy a menudo en aquel hombre colocado sobre una roca, y espiando los deslices que habían de arrastrar el Imperio por el polvo. ¿Cuál de los dos vencería al fin? ¿Cuál moriría en extraña tierra? Y un día el poeta venció. El Emperador fue extrañado a su vez, y fue a dar su último suspiro a Inglaterra, en tanto que el poeta tornaba a Francia entre las aclamaciones de la muchedumbre. En este duelo formidable, sólo el poeta queda hoy erguido.

¿No es maravilloso esto? ¿No parece que algún maestro de ceremonias de gran talento ha preparado con cariño las distintas fases de esta existencia?

Cuando la admiración pública parece que debía cansarse del espectáculo de este poeta, un movimiento de la varilla produce una transformación, y se desarrolla un nuevo período de gloria. En los tiempos venideros, si algunas obras de Victor Hugo desaparecen, quedará seguramente su vida como una de las más hermosas de que haya podido gozar un hombre Ningún conquistador, ningún monarca absoluto ha logrado disfrutar goces de poderío completo.

Sin embargo, debo decirlo: desde que Victor Hugo regresó a París, la figura de ese gran hombre no ha crecido más; no podía suceder otra cosa. Estaba demasiado alto en su roca para elevarse más todavía. Era para él una especie de decadencia esto de hallarse entre nosotros, en nuestras aceras enlodadas, en nuestras habitaciones mezquinas; él, que dominaba el mar, y a quien todos nos representábamos como a Isaías profetizando en medio de las tormentas. Después Victor Hugo ha entrado fatalmente en las luchas diarias de la política, y la política empequeñece a los poetas; arrástralos a las realidades humanas; pretenden ellos ensanchar la política y engrandecerla en la medida de los hermosos sentimientos que les inspiran, y solamente consiguen provocar una sonrisa. No he de estudiar aquí en Victor Hugo al hombre político; esto me llevaría lejos de mi propósito. Este hombre político nunca ha sido tomado en serio. No juzgo; refiero nada más. Victor Hugo, realista en 1820, liberal y constitucional en 1830, republicano templado en 1848, republicano exaltado en 1850, ha seguido la marcha que debía seguir, y se halló siendo, en 1871, un apóstol bíblico de la democracia. Se colocó fuera de las doctrinas y de los hechos. Reclamó la felicidad del género humano, sin pensar para nada en los hombres. Decretó la república universal, como si los elementos fuesen a obedecerle y a constituir una tierra nueva y un nuevo pueblo. Desde el punto de vista estético, nada más vasto; era un sueño hermosísimo. Pero prácticamente, todo eso resulta algo pueril. Los mismos republicanos, y me refiero a los más convencidos, a los más activos, fueron muchas veces molestados por el poeta. Habrían preferido bastantes que Victor Hugo hubiese permanecido tranquilo, limitándose a ser un hombre de genio. En resumen: dentro de su partido, el gran poeta fue mirado como hombre político honorario. Dejábanle ir delante por el brillo y la pompa de su nombre. Limitábase su papel al de los reyes que aparecen algunas veces en las óperas, coronados, arrastrando mantos de púrpura, y que no tienen que hacer más que atravesar el escenario.

De los cuatro períodos de su vida: su juventud tan precoz y tan celebrada; su reinado literario en París; su destierro iluminado con resplandores de apoteosis, y su vejez triunfante en medio de nosotros, la más maravillosa ha sido indudablemente la del destierro. Esa existencia admirable es la que ha hecho de Victor Hugo una figura colosal, que a los ojos de las masas parece la más grandiosa del siglo. Como algunos otros, él ha aportado el genio; pero los hechos se han encargado del cuadro; el cuadro más prodigioso que haya podido soñar nunca el orgullo humano

II
El romanticismo.

He dicho que Victor Hugo formuló el romanticismo. Es muy raro, sino imposible, que un hombre invente un movimiento literario. Un movimiento se elabora con lentitud, va poco a poco echando raíces, realiza una evolución subterránea antes de aparecer a la luz del día. Entre una escuela que muere y una escuela que nace, no existe jamás una interrupción brusca; antes por el contrario, se verifican transiciones, matices de suma delicadeza; lo que será mañana hállase contenido en germen en lo que hoy es, y lo por venir no podría desligarse repentinamente de lo pasado. Los períodos de una literatura están enlazados lo mismo que los eslabones de una cadena. Únicamente cuando ha llegado el momento de que una forma nueva arraigue, aparece un hombre de mano vigorosa que transforma en leyes los ensayos de sus precursores, que recoge y determina con su sello las ideas flotantes de su época. Tal es el papel que desempeñó Victor Hugo. Afirmó ruidosamente lo que una o dos generaciones anteriores a él habían columbrado y anunciado tímidamente. El ruinoso edificio clásico se derrumbaba por sí mismo después de muchos años, y el gran poeta vino a ser el demoledor de última hora, el que llega cuando queda solamente dar un impulso. Su genio le destinaba esta tarea. Así sus predecesores y sus contemporáneos soportaron su vecindad de conquistador, porque Victor Hugo no se hallaba solo; pero él solo debía unir a su nombre los honores de la victoria, como esos grandes capitanes cuya memoria se perpetúa cuando sus soldados han muerto y quedan para siempre en el olvido.

En una literatura no hay progreso, hay solamente evoluciones. Una fórmula literaria puede ser un progreso sobre otra fórmula; pero las obras no progresan necesariamente. Proviene esto del papel omnipotente del elemento humano en el arte. Es claro que, si solamente la verdad hubiese de ser tenida en cuenta en una obra, las artes progresarían con las ciencias, las obras resultarían tanto más bellas cuanto más verdaderas fuesen. Pero es preciso introducir la personalidad del artista, y de este modo la verdad no es más que uno de los dos términos de la fórmula. Las literaturas aparecen, por consiguiente, como piezas muy largas de tela que se desarrolla, como un desfile de grandes hombres, cada uno de los cuales aporta una palabra; unas veces exáltase el espíritu y la imaginación prepondera; otras despiértase la lógica, y el estudio tranquilo de los seres y de las cosas logra la victoria. Es necesario agregar a esto que esas evoluciones dependen de las sociedades; las literaturas siguen la historia de los pueblos. Me coloco, por consiguiente, en este punto de vista: toda fórmula es, en sí misma, buena y legítima; sólo ha menester que un hombre de genio la haga suya; en otros términos: una fórmula es sólo un instrumento dado por el medio social e histórico y que saca su belleza de la manera más o menos excelente con que un hombre predestinado sabe obtener de ella una armonía. La fórmula se impone: esto es lo que se necesita comprender. Corneille no ha escogido la tragedia; la ha encontrado, y la ha engrandecido. Victor Hugo no ha inventado el drama romántico; se ha reducido a asimilárse- lo. Los lienzos pueden ser más o menos fáciles de llenar; el genio consigue siempre poner en ellos una cantidad igual de belleza. Los aspectos son únicamente los que varían; en el fondo, la obra humana es la misma siempre. De esta manera se aceptan todas las grandes obras, las antiguas lo mismo que las modernas, las extranjeras lo mismo que las nacionales, colocándolas en sus medios y considerando a cada una como la superior manifestación de un artista en una época determinada.

Es menester, sin embargo, asentar terminantemente que la ley de la evolución es constante. Una época no fija una literatura; nunca es otra cosa que un aspecto de ella. A las veces una forma literaria logra reinar durante muchos siglos; y en otras ocasiones sólo se impone por menos de cincuenta años; pero se modificarán todas indefectible- mente en virtud de esa ley fatal que impulsa al género humano a una marcha continua, en idiomas, en costum- bres, en ideas. Hasta ahora la crítica no ha admitido una marcha en línea recta. Toma ejemplos, y demuestra que en toda literatura existe desde luego un progreso constante hasta un florecimiento de la lengua y un equilibrio feliz de la inteligencia; después se abre un abismo, y las obras ruedan hacia una decadencia más o menos duradera. Así considerada, una literatura viene a ser como una montaña; dos faldas y una cúspide. Debo confesar que esta comparación se halla justificada por la historia. Sería necesario, no obstante, extenderse acerca de esto que suele llamarse épocas de decadencia. La crítica que pone en primer término lo relativo al lenguaje, tiene mucha razón cuando dice que hay para cada lengua una edad madura, en la cual esa lengua adquiere una virilidad y una sencillez admirables; pero la crítica que busca, debajo de la forma, el elemento humano, el documento curioso y vivo, transige muy bien con las épocas de decadencia. Por otra parte, nadie puede llamar, por su cuenta propia, a su siglo *siglo de decadencia*, porque, desconociendo, como es natural, lo por venir, no sabe en realidad si se sube o si se baja en la pendiente; solamente la posteridad, al retroceder, puede fallar en este asunto. Esto se halla realmente fuera de mi objeto; quería yo solamente dejar sentado que las literaturas marchan al paso mismo que la humanidad, sin permanecer paradas ni un solo segundo.

Entre nosotros la fórmula clásica ha imperado durante mucho tiempo. Era omnipotente; poseía un dogma. Nadie pensaba en emanciparse de ella, porque desobedecer las reglas, habría parecido desobedecer al rey y a Dios. Jamás pesó despotismo más celoso sobre un pueblo de escritores. Para explicar tan duradero reinado y tal omnipotencia, sería preciso penetrar en la sociedad del tiempo; manifestar los resortes que han doblegado los espíritus más libres a una disciplina tan severa. Y, sin embargo, esta máquina tan bien montada, se desarregló un día. Estaba muy gastada, y no andaba ya. Había llegado la hora en que los románticos diesen, en aquel desarreglo, el golpe de gracia que hizo esparcirse en todas direcciones aquellas últimas piezas enmohecidas. No por eso dejaron de quedar en alto puesto las obras maestras del siglo XVII; con su gloria inmortal quedaron como manifestaciones del genio que se habían producido en su hora. Lo que había muerto era el procedimiento, el oficio y el marco.

Y fueron de oír entonces los gritos de desesperación de los clásicos. En las agonías de todas las escuelas se produce siempre el mismo fenómeno; los fieles se lamentan elevando al cielo sus brazos, y aseguran que se aproxima la fin del mundo. Regla general: toda escuela tiene la vanidad de creer que ha fijado definitivamente la literatura de una nación; lo que existió antes que ella vale muy poco, y lo que venga después debe asemejársele, so pena de no ser; tolera lo pasado, pero niega lo futuro. Se han detenido los tiempos; el sol no se mueve; la inteligencia humana está agotada; los siglos se hallan reducidos a copiar eternamente las últimas obras maestras. Lo que hay en todo esto de gracioso es, vuelvo a decirlo, que todas las escuelas tienen esta hermosa intolerancia.

Conviene recordar aquellas verdaderas batallas de 1830. Los románticos que entonces eran jóvenes, y que habían de conquistar su puesto a la luz del día, no andaban en contemplaciones. Carecían principalmente de respeto; insisto sobre este punto. Lanzábanse al asalto de la casi derruida fortaleza académica, voceando, cerrando los puños, y descargando golpes sobre los cráneos venerables de los clásicos. En la reducida bandada de aquellos aventureros del color y de la pasión se trataba a Racine de tunante, se hacía burla de todo el siglo de oro, sin perdonar a los contemporáneos que se jactaban de tener sentido común, y que, por este solo hecho, eran mirados como pasteleros. Había en aquel movimiento sus pilluelos y sus monigotes, y adquiría proporciones ruidosas de insurrección; se rompían cristales, se arrojaban bolas de nieve contra el Instituto, se colocaban cuerdas atravesadas en las aceras para que tropezasen y cayesen los burgueses del arte. La falta de respeto, la demolición escandalosa de los antiguos ídolos: he ahí, repito, lo que caracterizó la evolución de 1830.

Hoy ¿puede verse una comedia más extravagante que la feroz actitud de los románticos, cuando la nueva generación literaria pone manos en sus obras? Y consiste en que los románticos han envejecido, en que fatalmente han ocupado el puesto de los clásicos. Ahora son ellos los conservadores, los dogmáticos, los respetables. Tienen una religión que defender. Lo que contribuye a que el hecho sea más cómico es la circunstancia de que el movimiento romántico no ha durado más de medio siglo, y la de que los hombres que predican ahora el respeto a los viejos son precisamente los que atropellaron entonces a los viejos con más vehemencia. Reciben los golpes que dieron, y se enojan; esto prueba, una vez más, cuán escasa suele andar la lógica entre los hombres. ¿Se figurará nadie a los románticos con barbas blancas, y exigiendo respeto, erigiendo en dogma de eterna verdad el romanticismo, presentándose a sí mismos como la última encarnación de la literatura francesa? No hay más remedio que sonreír.

Mientras Victor Hugo triunfaba, en el esplendor de su apoteosis, el genio francés, en producción constante, no se detenía por eso. Balzac mismo se convertía también en coloso, aún sumergido en las sombras en que las circunstancias le habían colocado. La descendencia de Victor Hugo se malograba: la descendencia de Balzac se engrandecía y tomaba puestos de preferencia. Así nació el movimiento naturalista; ese movimiento naturalista que hoy entierra al romanticismo. La evolución era inevitable; todo debía contribuir a esta protesta contra la fantasía descabellada, a esta reacción de la verdad contra la mentira. El siglo todo iba a parar forzosamente a una literatura de análisis, de investigación, de documentos humanos. Comprendo perfectamente que los románticos se enojen; no han vivido bastante, y tienen conciencia de su pequeñez y de su esterilidad. El romanticismo, en resumidas cuentas, no había sido en nuestra historia sino un grito de emancipación: ha dado al traste con todos los obstáculos clásicos, ha sido la orgía de la victoria mientras esperaba la calma en los espíritus, y el empleo racional y lógico de la libertad conquistada. Pero si el romanticismo se entristece al ver lo efímero de su reinado, da pruebas de muy poca memoria quejándose de la profanación. Los naturalistas le arrojan de su casa, como él arrojó antes a los clásicos. Es la ley: los viejos ceden el puesto a los jóvenes.

En realidad, el movimiento nuevo no ha crecido en una noche como las setas. Es solamente un eslabón de la cadena. Los románticos, por consiguiente, no tienen razón para decir a los naturalistas: Sois nuestros hijos; nos debéis la existencia, es una mala acción rebelarse contra los padres. Indudablemente, nosotros somos los hijos de los románticos; pero, ¿no eran ellos hijos de los clásicos? ¿Dónde comienza en literatura la serie de los antepasados? El respeto fijaría las letras en una inmovilidad arcaica, de ser necesario adoptar a toda costa los aires de nuestros abuelos. Los naturalistas que se desprenden apenas del movimiento romántico, conservan, a pesar suyo, sobre los hombros algo de la ornamentación de 1830. Pero el problema no está en eso. El problema se encuentra en la desemejanza de las fórmulas: la una idealista; positivista la otra. Dos mundos se hallan frente a frente. Es necesario que uno mate a otro.

Quiero ser lógico; confieso paladinamente que el naturalismo incurriría en error si dijese que es la forma definitiva y completa de la literatura francesa, la forma que ha madurado lentamente a través de los años. Si tal dijese, caería yo en la necedad misma en que cae el romanticismo. ¿En qué se convertirá la evolución naturalista? Lo ignoro. ¿Tomará la fantasía su desquite contra el análisis exacto? Puede ser. Por otra parte, ¿será duradero el reinado del naturalismo? Así lo creo; pero no lo sé. Lo que importa es que, de aquí a cincuenta años, si el movimiento no prospera, no haya naturalistas bastante majaderos para decir como los románticos viejos: "No queremos desalojar la plaza, porque somos la literatura perfecta". Cuando la humanidad adelanta, es completamente inútil echarse sobre la carretera para obstruirle el camino.

Ahora digo más: aun en el caso de que el naturalismo no sea una fórmula definitiva, es por lo menos una fórmula de verdad. Por eso precisamente creo que durará mucho tiempo. Viene desde muy lejos; ha crecido como crece todo lo que ha de ser fuerte y duradero. Se apoya en el movimiento intelectual y social. Por último: como ha marchado siempre paralelamente a las ciencias, como ha ganado poco a poco todas las formas del pensamiento escrito: la filosofía, la historia, la crítica, la novela, el teatro, hasta la música, puede preverse que es el principio de una evolución inmensa que se realizará y se cumplirá en el transcurso de siglos. Obsérvese además que la fórmula clásica y la fórmula romántica son idénticas, prescindiendo del ornato; ambas descansan sobre la concepción idealista y reglamentada del arte.

La fórmula naturalista es la otra cara de la cuestión; basa una obra sobre la naturaleza, y explica las desviaciones de la verdad por el temperamento del artista.

III
Decadencia del romanticismo. - La nueva escuela.

Hoy el problema está, por consiguiente, planteado con claridad entre los naturalistas y los románticos, como en 1830 lo estaba entre los románticos y los clásicos. Y debo añadir que los clásicos agonizantes se hallaban más vigorosamente fortificados en su palacio viejo de la tragedia que lo están ahora los románticos moribundos entre los escombros de su torre gótica. Nunca se ha agotado tan rápidamente una escuela literaria; pero esta escuela producía siempre una ilusión de grandeza y de vida, porque conservaba al frente de ella un hombre de genio, de talla colosal. Todo se había derruido en rededor de Victor Hugo; la obra del romanticismo se encontraba a sus pies convertida en polvo; el mismo prefacio de *Cromwell* hacíanos sonreír; pero bastaba que Victor Hugo permaneciese en pie para que él sostuviera sobre sus hombros robustos la pomposa ornamentación de la escuela muerta. En él sólo se hallaba todo el romanticismo. Cuando Victor Hugo murió, sobrevino un derrumbamiento supremo, y entre los restos de aquellas ruinas nadie fue osado a recoger materiales ni aun para labrarse un nicho. Victor Hugo entrará en la historia, tomará su sitio al lado de los hombres que han personificado nuestras épocas literarias; en tanto que sus últimos discípulos, privados de su apoyo, desaparecerán arrastrados por las corrientes nuevas.

Para comprender dónde nos hallamos en lo que a esto respecta, es necesario tener una idea clara de la situación que Victor Hugo ocupa entre nosotros. Victor Hugo es ya para nosotros un antepasado. Su apoteosis definitiva se compone de muchos elementos. Los literatos sienten hacia él respeto por su larga vida de trabajo, y por las obras maestras que ha producido; la clase media tiene los oídos llenos de su nombre desde hace más de cincuenta años, y le manifestaban la afición, hija de la costumbre; el pueblo mismo, sin darse cuenta de ello, compraba las ediciones populares de sus libros por cientos de millares, porque veía en el poeta un hombre político, del cual esperaba vagamente una edad de oro. Yo conocía obreros que se privaban del tabaco para comprar las obras de Victor Hugo, cuando se publicaban por entregas de a diez céntimos; no las leían, pero las hacían encuadernar, y las conservaban en su casa como muebles de lujo, con que estaban muy orgullosos. Así, pues, en la admiración religiosa que rodeaba al poeta en sus últimos años, había de todo: aficiones literarias, respeto al trabajador y al anciano, gratitud nacional al gran hombre; sobre todo, simpatía política. Victor Hugo no ha permanecido, como Alfredo de Musset, siendo solamente un poeta de genio; Hugo ha ensanchado su esfera de acción sobre el público, mezclándose en las luchas sociales, duplicando los triunfos del escritor con el ruido que el orador producía.

Verdad; es necesario inclinarse. Una gloria así es legítima. Cuando un hombre ha subido tan alto por un trabajo continuo, es muy difícil bajarle de su pedestal y tratarle de hombre a hombre. Sucede, sin embargo, que la verdad padece con este gran respeto. Nada importaría esto si se colocase al Dios fuera de nuestras luchas humanas; podría hacerse entonces lo que los incrédulos hacen en los templos: doblar la rodilla para no escandalizar a nadie, y pasar adelante. Pero las gentes que viven del Dios, los monaguillos y los sacristanes, no entienden las cosas de ese modo; sírvense de su ídolo para asesinar a los transeúntes. ¡Ah! Vosotros no pensáis como nosotros. ¡Oh! Os permitís levantar una iglesia enfrente de la nuestra; pues bien: vamos a pulverizaros. Y empujan a su vez, y tratan de aplastarnos bajo su pesadumbre, guareciéndose prudentemente detrás de él. Entonces se pierde fatalmente todo respeto; se dice de un modo muy claro lo que se siente. La cosa es perdonable, porque se está en el caso de legítima defensa.

Lo que me sorprendió más cuando se publicó la *Leyenda de los siglos*, fue la actitud de la crítica. Nunca había yo visto aplanamiento semejante. Verdad es que no desconozco de qué modo fueron hechos la mayor parte de aquellos artículos. Sentábase el redactor a un extremo de la mesa, y escribía a vuelapluma frases que había leído o escuchado en otra parte. Los amigos de Victor Hugo sabían perfectamente *levantar* un libro; habían realizado prodigios en esta materia, sobre todo cuando el poeta vivía en Guernesey. Los amigos daban el impulso, y la crítica lo seguía. Pero realmente en aquella ocasión el aplanamiento excedió a todo lo conocido. Quiero citar dos ejemplos. Léase lo siguiente: "Cuando una obra como la *Leyenda de los siglos* aparece en el mundo, sorprende y desconcierta. Prodúcese un desvanecimiento en los espíritus. Como este libro en su aurora es tan resplandeciente como un sol en el meridiano, no se le puede juzgar: se le reverencia". Pero todavía hubo algo más exagerado. Reproduzco de otro periódico este párrafo: "Sería necesario que se inventase un idioma especial para expresar exactamente los sentimientos engendrados por tales obras. Yo, en efecto, experimento en presencia suya la vacuidad de las fórmulas ordinarias de la admiración, y estimo que los críticos literarios, sin excepción de los más famosos, realizarán algo ridículo y vano cuando acometan la empresa de analizar la *Leyenda de los siglos*: eso no se analiza; eso no se critica. Me libraré bien de averiguar si esta nueva obra del poeta es igual a las anteriores o mejor que ellas. Acabo de leerla, y estoy deslumbrado".

Téngase en cuenta que podría yo multiplicar las citas de esa naturaleza. Doy con esas el tono general; la manera que todos los periódicos, sin excepción, tuvieron de acoger la nueva obra de Victor Hugo. Hasta las pasiones políticas se desvanecieron; los periódicos bonapartistas y los monárquicos quemaron el mismo incienso que las publicaciones democráticas y republicanas. Y lo peor del caso era que en aquello no debió verse la explosión de un asombro verdadero. La simple lectura de esos párrafos basta para comprender que aquel lirismo era afectado y frío. Cuando los periodistas hablaban de Victor Hugo, empleaban naturalmente la hipérbole; creíanse obligados a imitar al maestro acumulando montañas de elogios. Todo esto es falso: he ahí lo que exaspera a los espíritus francos y lógicos. No es verdad que la *Leyenda de los siglos* haya producido explosiones grandes ni pequeñas en nuestra literatura; no es verdad que los críticos quedasen deslumbrados; no es verdad que la obra debe colocarse muy por encima del examen de los lectores como un dogma. Quiero admirar; hasta he opinado constantemente que la admiración es una de las pocas cosas buenas de la existencia; pero nunca me resolveré a admirar si me quitan la libertad de mi juicio. ¿A qué viene esa inusitada pretensión? Victor Hugo, por muy hombre de genio que sea, me pertenece. Se admite en nuestro siglo que discutamos a Dios; podemos, pues, discutir a Victor Hugo.

De sobra comprendo que no había en aquello más que el lenguaje corriente empleado para lisonjear al maestro. Si se hubiese preguntado a los fieles en reserva, habrían contestado con sinceridad que se habían servido de las frases usuales. Era necesario conocer la corte en miniatura en que vivía a la sazón Victor Hugo. Allí no se toleraba ni la más respetuosa de las críticas. Cuando el maestro había pronunciado una palabra, aquella palabra era una obra maestra. Permanecíase allí en el período agudo de la admiración extática. Faltaban los adjetivos, porque habían concluido por convertir en insustanciales las palabras más enérgicas del elogio. Parecía tibio el empleo de las voces extraordinario, colosal, sobrehumano, titánico, maravilloso, abrumador. Los fieles no tenían palabras, y daban en inventar frases enteras. Luchaban entre sí para hallar la expresión más significativa de adhesión. Esto es triste. Siempre había sido halagado Victor Hugo con los inciensos más bastos; pero nunca habían sido movidos los incensarios por manos más indignas que entonces. Muchas veces me he preguntado qué cristalizaciones de orgullo han debido de formarse poco a poco en el cráneo del poeta. Calcúlese que esta idolatría por su talento y por su persona, le rodeó muy niño aún, y no ha hecho más que aumentar a proporción que él crecía. Se le ha repetido en todos los tonos que él era el punto culminante del siglo, la inteligencia de la época misma, el rey, el Dios. Si él hubiera soñado en ser el maestro de todos, en llegar a emperador del mundo, nada habría tenido de extraño. La admiración en dosis tan enormes llega a ser perniciosa. La prueba más incontestable de que

Victor Hugo tenía un cerebro realmente vigoroso, es que no se volvió completamente loco después de oír, durante más de sesenta años, lo que le decían a todas horas: "Es V. hermoso, es V. grande, es V. sublime". El poeta no andaba por la tierra; la adoración de su corte lo elevaba. Había en sus puertas, como en las puertas de los reyes, cortesanos que impedían la entrada a las verdades.

Quisiera ser respetuoso, aun diciendo algunas de esas verdades. Nadie imagina cómo era entonces la corte que rodeaba a Victor Hugo en el cuartito que ocupaba en la calle de Clichy. No me refiero a los hombres políticos que le visitaban, ni a varios escritores de gran mérito, nacidos poco después de 1830, y que aún se hallaban bajo el encanto del movimiento de aquella época: esos tenían una religión, y hacían perfectamente en conservarla. Me refiero a la nueva generación, a los hombres de treinta o treinta y cinco años, nacidos para el público por aquel tiempo. Pues bueno: Victor Hugo no pudo reunir en rededor suyo, después de su vuelta del destierro, más que escritores sin porvenir, principiantes hundidos en el periodismo, novelistas medianos, poetas cansados ya de imitar a sus predecesores. El mañana no estaba representado allí por un solo hombre de talento, de temperamento propio, de energía. Es necesario decirlo. Nada más que frutos secos; solamente ilustres desconocidos. Y así debía ser. ¿Cómo se quiere que un joven de talento, libre y poderoso, fuese a un sitio donde era menester despojarse de la propia personalidad para arrodillarse ante un amo? Verdaderamente los recién venidos habrían considerado como una honra el saludar a Victor Hugo; pero no podían hacerlo; temían a los cortesanos; comprendían que habrían de permanecer en un rincón sin despegar los labios, y lo falso y lo desairado de aquella situación los contenía. Por el contrario: los espíritus débiles que van y vienen por las calles de París, los que se amoldan a todo, se precipitaban a la calle de Clichy para tomar prestada, a los resplandores del maestro, un poco de luz. Por esto, en casa del gran poeta, aquel pulular extraordinario de medianías.

Y si insisto en esto, es porque la cosa era más grave de lo que parecía. La ambición muy legítima del poeta, había sido siempre la de agrupar en rededor suyo a la juventud. Comprendía perfectamente que el reino literario se le escaparía de sus manos el día mismo en que los jóvenes le abandonasen. Los encargados de poner en escena la gloria del gran hombre habíanse esforzado constantemente, como personas muy hábiles que eran, en reclutar para el maestro una corte. La desgracia fue, lo repito, que necesitaron cortesanos humildes y nulos, y que entonces la juventud comenzaba ya a reírse un poco del romanticismo. Se regimentaron, pues, los que fue posible reunir; una compañía, cuyos soldados no honraban gran cosa al jefe. ¿Qué importaba? En los reclamos a esa compañía se le daba el nombre de *La Juventud*. Pobre juventud aquella, cuyas obras de diez años a aquella parte nadie había visto. Uno de los síntomas más graves, por lo que a la vitalidad de la escuela romántica se refiere, es este de la ausencia de hombres nuevos en rededor de Victor Hugo. Acabó su vida en medio de la bohemia de los principiantes eternos, mientras la verdadera juventud, esa que crecía y que iba hacia el mañana, le enviaba desde lejos su saludo triste y respetuoso.

IV.

La *Leyenda de los siglos*.

El respeto al genio no es, a mi juicio, incompatible con el respeto a la verdad. La verdad es que yo me inclinaría silenciosamente ante Victor Hugo, si sólo se tratase de reconocer el espacio inmenso que el gran poeta ocupa en su siglo. Pero hay aquí un problema gravísimo: se trata ya de lo por venir. Entiendo que ningún hombre, por grande que sea, tiene derecho para obstruir el camino. Desde el momento en que se pretende colocarle atravesado para detener nuestra marcha, estamos en el deber de hablar. Es ya tiempo de hacer justicia a los restos del romanticismo, a las pomposas decoraciones de cartón dorado que han levantado para ocultar las ruinas de la escuela.

Sí; hablaré, ya que toda la crítica francesa se negó a decirlo. Diré en alta voz lo que todos dicen en voz baja; y, al proceder así, no creeré que cometo una mala acción, porque siempre obra bien el que dice la verdad. La verdad es esta: la segunda serie de la *Leyenda de los siglos*, a pesar de cuanto afirmaban los *reclamos*, es muy inferior a la primera serie. Los *reclamos* mienten cuando hablan de la resonancia producida por la publicación de la obra; indudablemente el libro ha sido lanzado al público con habilidad; en todos los periódicos han aparecido artículos encomiásticos y extractos discretos; pero esto era forzado: un libro de

Victor Hugo no podía quedar inadvertido, y debía producir necesariamente mucho ruido. Pero este primer ruido no ha continuado; a los aplausos obligados ha seguido el silencio; no se oye entre la masa de lectores ese rumor creciente, que es la señal infalible de los grandes éxitos. Mentían asimismo los reclamos cuando hablaban de la extraordinaria venta de la *Leyenda de los siglos*. Muy al contrario: el libro se compró muy poco. a este efecto contribuyeron muchas concausas. Por de pronto, la obra, en dos tomos voluminosos, costaba demasiado; aun las mismas personas ricas reflexionan mucho antes de emplear quince monedas en un libro. Además, se trataba de una colección de versos, y los versos asustan. Por último, es necesario decirlo: la *Leyenda de los siglos* es de una lectura completamente fastidiosa, para el vulgo, se entiende. A Victor Hugo se le admira mucho, pero se le lee poco, fuera de los círculos literarios. A medida que se ha engrandecido ha ido haciéndose más apocalíptico; hoy es del todo incomprensible para las mujeres y para el común de lectores. Lo que perjudicó también a la venta fue, según creo, la multitud de extractos publicados por los periódicos. Todos se contentaron con la lectura de esos extractos; podían hablar del libro sin gastar las quince monedas.

No he de entrar en el análisis de ese montón de versos; preciso es, sin embargo, indicar la estructura general de la obra, y decir lo que en ella se contiene.

El tomo primero comienza por una visión. El poeta nos dice lo que ha soñado. Ha visto extenderse ante él la cerca de los siglos; esa tapia se ha roto, y las generaciones se han hundido en el espacio una en pos de otra. Este sueño es una de las cosas magníficas del libro. No vislumbro absolutamente nada de la idea filosófica, porque Victor Hugo es el filósofo más obscuro y más contradictorio que puede imaginarse; pero basta que su sueño se desenvuelva en las esferas de lo extraño, de lo absurdo, con una hermosísima amplitud. Vienen después las luchas de los gigantes contra los dioses. En seguida pasa el poeta a tratar de los reyes. Esta parte concerniente a los reyes ha sido dividida por el poeta en dos grandes períodos históricos: el primero, desde Mesa hasta Atila; el segundo, desde Ramiro hasta Cosme de Médicis; períodos, por lo demás, puramente fantásticos y que habría podido modificar a su antojo, porque ninguna razón lógica los determina. Por fin, concluye el tomo con dos trozos sobre la Edad Media: "*El Cid desterrado, Welf, Castellan d'Oxbord*", y con una composición acerca de las siete maravillas del mundo, composición en la cual muestra el poeta la soberbia material y perecedera del hombre.

El segundo tomo principia con la epopeya del gusano de la tierra. El pensamiento es que toda la materia puede morir, y que el alma sola es inmortal. Pero el poeta ha desarrollado este pensamiento con increíble lujo de estrofas. El gusano es para el autor la imagen de la nada, el devorador de los mundos; y cuando el gusano se yergue triunfante sobre las ruinas que él mismo ha producido, álzase orgullosamente el alma, y le dice: "Contra mí nada puedes". Tornan después a comenzar las historias de caballeros, la confusa Edad Media, para la que guarda el poeta sus cariños de jefe de escuela. Sin embargo, Victor Hugo debió de comprender que todo esto resultaba demasiado sombrío, y quiso mostrar alguna gracia escribiendo lo que él denomina el grupo de los idilios; estos idilios consisten en semblanzas de los poetas que han cantado el amor: allí están Catulo, Petrarca, Ronsard, y el lector se sorprende un poco de encontrar allí a Dante, Voltaire y Beaumarchais, que, a la verdad, nada tuvieron de idílicos. De las veintidós composiciones, hay tres o cuatro que son muy lindas. Llegamos, en fin, a los tiempos presentes, a las composiciones cuyo cuadro es el medio contemporáneo. Mencionaré *El cementerio d'Eylan*, una relación de batalla, que es el trozo más claro y más vivo de toda la obra; *La cólera de bronce*, una composición mediana, que en otros tiempos habría considerado indigna de figurar en *Los castigos*; y *Pablito*, de la cual hablaré extensamente muy pronto. El tomo concluye con una apoteosis: "El cielo, el abismo, la humanidad, Dios, todo se mezcla en un caos extraordinario". Me detengo, porque no me siento con el cerebro bastante fuerte para afrontar vértigo semejante.

Ahora, como ya he dicho, puede darse a la *Leyenda de los siglos* el sentido que se quiera. Seméjase a esos libros de profecías a los que se hace decir lo que cada uno desea. El poeta es deísta; he ahí lo único que se puede afirmar: cree en Dios y en la inmortalidad del alma; pero.... ¿quién es ese Dios? ¿De dónde viene nuestra alma? ¿Adónde va? ¿Por qué ha encarnado? Esto es lo que explica Victor Hugo a lo poeta. Establece el autor los dogmas más peregrinos, y se pierde en las interpretaciones más estupendas. En Victor Hugo todo es sentimiento; desarrolla política de sentimiento, filosofía de sentimiento, ciencia de sentimiento. Victor Hugo, como dicen sus discípulos, tiende a las alturas. Nada más plausible; pero eso de las alturas es cosa muy vaga; en nuestra época sería, sin embargo, preferible tender hacia la verdad. Resolver todos los problemas por medio de la bondad, no es desgraciadamente la manera de dar un paso adelante. Así, cuando hayan sido aniquilados los sacerdotes y los reyes, exaltando la fraternidad ideal de los pueblos, no impedirá esto que los pueblos se devoren unos a otros por los siglos de los siglos. En Victor Hugo no hay más que un poeta, y un poeta lírico. El filósofo, el historiador, el crítico, nos hacen encogernos de hombros. Verdad es que basta y aun sobra para su gloria el ser un poeta lírico. Los discípulos que han pretendido hacer del poeta un hombre universal, le han hecho un flaco servicio.

Todos esos aspectos mentidos caerán al fin, y sólo el poeta quedará en pie, uno de los combinadores de vocablos y de rimas más prodigiosos que hemos tenido. De mí sé decir que en un estudio del conjunto de sus obras, lo que me apasionaría más sería el señalar cómo el poeta ha podido ir desde las *Odas y baladas* hasta la segunda serie de la *Leyenda de los siglos.* Hay en esto un desenvolvimiento característico, la historia de toda una inteligencia extraordinaria, el abrirse de una flor rara y magnífica. Primeramente el botón, una confusión de formas infantiles, una palidez apenas rosada rompiendo la envoltura verde. Poco después las formas se acentúan, los matices se obscurecen y adquieren brillo. Después ya aparece la flor con todos sus perfumes y toda su belleza. Luego la flor sigue abriéndose con arreglo a una ley fatal, y parece ensancharse y se hace de mayor tamaño; aumenta en dimensiones, pero palidece el color, el aroma es amargo, y se ajan los pétalos. Pues bien: Victor Hugo había llegado a este último período. Nunca me había parecido tan vasto ni tan maduro; pero tan vasto era, que se desvanecía; y tan maduro, que sus versos caían a la tierra como las frutas en el otoño.

No hablo aquí de bellezas, ni de defectos. Pertenezco a un grupo de críticos que aceptan al escritor todo completo, sin meterse a entresacar vocablos en sus obras. Un escritor es un temperamento particular, que tiene sus maneras de ser, y en el cual no sería posible modificar un sólo elemento sin destruir simultáneamente todo el conjunto. Quiero decir que es necesario aceptar los defectos y las bellezas, como piedras del mismo edificio; si se retira una piedra sola, el edificio viene al suelo. Además: ¿no es muy suficiente este espectáculo para apasionar a cualquiera? Ver cómo un cerebro nace y se desarrolla.... ¡en eso está toda la vida del arte! Muy fácil sería demostrar que, dadas las primeras obras de Victor Hugo, debía necesariamente terminar en las obras de su vejez. No diré que se haya engrandecido, ni que se haya empequeñecido; diré sólo que ha realizado su evolución según ciertas leyes fatales. Sí, Victor Hugo debía llegar, por la índole de su temperamento, a esa actitud de profeta que adoptó en sus últimos tiempos; debía ser cada vez más esclavo de la fórmula romántica; debía estirar los ripios y agregar tres versos sólo por el gusto de justificar una rima harmoniosa; debía engolfarse más cada vez en lo sublime, exagerar su extravío y su vértigo de visionario; debía llegar hasta el extremo de tutearse con Dios, a juzgar los siglos como Dios podría juzgarlos, poniendo los buenos a su derecha y los malos a la izquierda; debía dominar la lengua, hasta el punto de tratarla como conquistador que no guarda respeto a la frase y la tortura a su capricho; debía, por último, creer que una palabra suya valía un mundo, y que le bastaba dejar caer la cosa más insignificante para que adquiriese de pronto un valor sobrehumano.

A eso llegó, poco antes de morir. Oficiaba de Pontífice. Cuando hablaba de sus nietecillos, creía que las estrellas se paraban a escucharle. Lo peor del caso era que se había vuelto tanto más majestuoso, cuanto más vacíos resultaban sus versos. Le he llamado visionario. Esta palabra le juzga. Victor Hugo ha atravesado una época sin verla; con la mirada fija en sus sueños.

V.

El águila del casco - Pablito.

Como no puedo analizar los dos enormes tomos de la *Leyenda de los siglos*, me contentaré con tomar dos trozos y examinarlos de cerca. Comentándolos verso por verso, sé que realizo una tarea algo mezquina y que la crítica ha de tener otra amplitud. Pero después de haber bosquejado, a grandes rasgos, la grandiosa figura de Victor Hugo, necesito descender hasta desmenuzar sus versos, si he de exponer todo mi pensamiento. En el fondo de Victor Hugo no hay más que un retórico. Veamos su retórica.

Escogeré dos composiciones que sus admiradores colocan en primera línea: *El águila del casco* y *Pablito*.

El águila del casco es una leyenda escocesa, inventada, de seguro, por el poeta. Desarróllase en la Edad Media, tenebrosa y feroz, a que Victor Hugo es tan aficionado, porque en ella puede colocar con facilidad sus imaginaciones. Existe antigua enemistad entre Angus y Tiphaine. Y copio:

" *Le fond, nul ne le sait. L'obscur passé defend*
Contre le souvenir des hommes l'origine
Des rixes de Ninive et des guerres d'Egine,
Et montre seulement la mort des combattants
Après l'échange amer des rires insultants. "*

Cinco versos, cinco ripios. Egine viene aquí solamente para rimar con origine. Nada más pesado ni más inútil que los dos últimos versos. Los discípulos llaman a esto grandeza; eso es solamente un relleno.

El abuelo de Santiago, el rey Angus, ha llamado a su nieto en el momento de expirar, y le ha encargado que mate a Tiphaine. Santiago tiene entonces seis años. Espera diez más, y cuando ha cumplido los diez y seis, reta al enemigo de su raza. En este punto de partida se contiene todo el procedimiento romántico, la eterna antítesis, el anciano encargando de su venganza al niño; y para que el efecto sea más estupendo todavía, el poeta presenta un niño que aún no sabe andar. ¿Ven Vds. ese muñeco de seis años que acepta la misión de matar a un hombre, andando

los tiempos, y que se acuerda de su promesa? Los niños de entonces valían más que los hombres de ahora. Entramos de un tirón en el terreno de la epopeya.

He aquí ahora el retrato del feroz Tiphaine:

* Como muchas de las observaciones de Zola se refieren a la estructura material de las estrofas, he creído necesario dejar éstas en francés, sin perjuicio de dar su traducción como notas al pie de las páginas. (N. del T.)
"Nadie sabe la causa. La obscuridad del pasado defiende, contra la memoria de los hombres, el origen de las catástrofes de Ninive y de las guerras de Egina; sólo muestra la muerte de los combatientes, después de un cambio amargo de risas insultantes."

" Tiphaine est dans sa tour, que protège un fossé,
Debout, les bras croisés, sur la haute muraille:
*Voilà longtemps qu'il n'a tué quelqu'un, il bâille. "**

Siempre las actitudes románticas. Hay que sonreír pensando en este hombre que se cruza de brazos y bosteza porque no tiene una víctima que devorar. Es el ogro de *Petit Poucet* [*Pulgarcito*] pidiendo carne fresca.

¿No es curioso que Victor Hugo, el retórico, acabe por emplear las figuras que su escuela ha censurado tanto en los poetas clásicos?

Santiago se refugia en la morada de un ermitaño; pero Tiphaine hiende con la espada la roca en que la ermita se asienta. Un convento de monjas no basta a detenerle. Separa aun a una mujer, a una madre que quiere proteger al niño, y le asesina en un barranco ignorado.

" Alors l'aigle d'airain qu'il avait sur son casque
Et qui calme, immobile et sombre, l'observait,
Cria: deux étoilés, montaignes que revêt
L'innocente blancheur des neiges venerables,
O fleuves, o forêts, cèdres, sapins, érables,
Je vous prends à témoin que cet homme est méchant!

* "Tiphaine está en su torre, defendida por un foso; está de pie, con los brazos cruzados, sobre la elevada muralla; hace ya mucho tiempo que a nadie ha matado, y bosteza."

El cela dit, ainsi qu'un piocheur faulce un champ,
Comme avec sa cognée un pâtre brisse un chêne,
Il se mit à frapper à coups de bec Tiphaine.
Il lui creva les yeux; il lui broya les dents;
Il lui pétrit le crâne en ses ongles ardents;
Sous Vanne d'où le sang sortait comme d'un crible,
*Le jeta mort à terre et s'envola terrible."**

Toda la composición ha sido escrita para este final. Este efecto es grandioso, no puede negarse. Aquí volvemos a encontrar al Victor Hugo admirable. Hay también aquí ciertamente algo de relleno. El águila de acero o de cobre que toma por testigo a la Naturaleza me parece un poco razonadora. Pero, por otra parte, no cabe discutir; estamos de lleno en el sueño: es preciso, o aceptar, o rechazar la fantasía del poeta. Por mí la acepto, y solamente deploro los abusos retóricos, los ripios que abundan, los versos inútiles

* "Entonces el águila de metal que tenía sobre su casco, y que serena, inmóvil, sombría, le observaba, gritó: "¡Cielos estrellados, montañas cubiertas por la inocente blancura de nieve venerable, ¡oh ríos! ¡oh bosques, cedros, abetos, árboles corpulentos!....; os tomo por testigos de que este hombre es perverso!" Y dicho esto, como un cavador cava un campo, como un leñador rompe una encina con su hacha, comenzó a herir con picotazos a Tiphaine; le vació los ojos, le trituró los dientes, le amasó el cráneo con sus garras ardorosas, y con su armadura misma, de la cual salía la sangre como de una criba, le arrojó muerto a tierra y voló terrible"

traídos por las exigencias de la rima harmoniosa, lo pomposo vacío, los procedimientos conocidos, toda esa faramalla romántica que nada nuevo nos aporta, y toda esta composición, en fin, que reproduce las antiguas y no vale lo que valían ellas.

Y paso ya a decir algo de *Pablito*, un cuadro que tiene por marco el medio ambiente moderno. Es preciso ver al poeta cuando consiente en despojarse de su armadura de caballero para vestirse el sencillo gabán de un anciano bondadoso y abuelo. Se leve contrariado; sus pasos vigorosos hacen temblar el pavimento, aunque quiere andar de puntillas. Tiene gracias colosales y espantosas. Así, su historia de *Pablito* es un drama sencillo y conmovedor: la historia de un niño cuya madre muere y cuyo padre contrae segundas nupcias; Pablo es recogido por su abuelo, que muere también después de haberle educado y adorado en su hermoso jardín; entonces el pequeño, que solamente tiene tres años, se siente de tal modo infeliz en casa de su madrastra, que una tarde de invierno se escapa, y va a morir de dolor y de frío a la puerta del campo santo donde vio enterrar a su abuelo. La composición principia así:

" *Sa mère en le mettant au monde s'en alla.*
Sombre distraction du sort. Pourquoi cela?
Pourquoi tuer la mère en laissant l'enfant vivre?
*Pourquoi par le marâtre, o deuil!, la faire suivre?"**

¡Dios mío! ¿Por qué? Pues porque así ocurre. La suerte casi siempre está distraída. El drama de la existencia no es sino una sucesión de desgracias. Pero el poeta no puede aceptar las realidades, como vamos a ver ahora:

"Alors un vieux bonhomme accepta ce pauvre être:
C'ètai l'aïeul. Parfois, ce qui nest plus defend
Ce qui sera. L'aïeul prit dans ses bras l'enfant
*– Et devint mère. Chose étrange et naturelle."***

Vuelta al galimatías sentimental. Victor Hugo, cuando habla de los niños, se considera obligado a fingir una puerilidad que no se compadece con sus procedimientos habituales. Imagínese a un coloso intentando llevar a cabo travesuras de pilluelo. Me he devanado inútilmente los sesos para comprender lo que hay de extraño y de natural en que un abuelo se convierta en madre. Esto es ya, a mi juicio, la quinta esencia de la chochez. Y la cosa continúa:

" Il faut que quelqu'un mène à l'enfant sans nourice
La chèvre aux fauves yeux qui rode au flanc des monts;

* "La madre, al darle a luz, murió. ¡Sombría distracción de la suerte! ¿Por qué así? ¿Por qué matar a la madre, dejando vivir al hijo? ¿Por qué, ¡oh dolor!, sustituirla con la madrastra?"
** "Entonces un anciano acogió a este ser infeliz. Era su abuelo. A las veces lo que ya no es, protege a lo que será. El abuelo tomó en sus brazos al niño, y se convirtió en madre. Cosa natural y extraña."

Il faut quelqu'un de grand, qui fasse dire: Aimons!
Qui couvre de douceur la vie impénétrable,
Qui soit vieux, qui soit jeune, et qui soit vénérable. "*

Juro que no he logrado comprender estos dos últimos versos.

" *Ce pour celà qui Dieu, se maître de linceul,*
Remplace quelque fois la mère par l'aïeul,
Et fait, jugeant l'hiver seul capable de flamme,
Dans l'âme du vieillard éclore un cœur de femme. "**

¿Juzga Dios que solamente el invierno es susceptible de llamas, porque en invierno se enciende fuego en las chimeneas? Evidentemente esa es la única razón. ¿A qué viene esa pena para explicar la ternura de los abuelitos ancianos y buenos? Esa ternura del abuelo se halla formada: por el orgullo de raza; por el aislamiento en que, de ordinario, se les deja; por el agradecimiento con que reciben la amistad de los nietecillos; por los recuerdos de la propia juventud

---

* "Es necesario que alguno lleve al niño sin madre la cabra de ojos amarillos que trisca por las faldas de los montes; es preciso algo grande que diga: ¡Amemos!; que cubra de dulzura la impenetrable existencia; que sea viejo, y sea joven y sea venerable."

** "Por eso Dios reemplaza a veces la madre por el abuelo, y, juzgando que sólo el invierno es susceptible de llama, hace que en el alma de un anciano brote un corazón de mujer."

evocados a la vista de las cabecitas rubias. No es preciso mortificar a Homero, ni a Moisés, ni a Virgilio para resolver el problema. Inmediatamente llegamos al jardín:

" *Le grand père emporta l'enfant dans sa maison,*
Aux champs, d'où l'ou voyait un si vaste horizon
Qu'un petit enfant seul pouvait l'emplir. "*

¡Ah! ¡Siempre la antítesis!

"*Un jardin, c'est fort beau, n'est-ce pas? Mellez-y*
Un marmot; ajoutez un vieillard; c'est ainsi
Que Dieu fait. Combinant ce que le cœur souhaite
Avec ce que le yeux désirent, ce poète
Complète, car au fond la nature c'est l'art,
Les roses par l'enfant, l'enfant par le vieillard. "**

Otra vez me quedo sin comprender una palabra. Este madrigal a la naturaleza, tan alambicado de concepto y

---

* "El abuelo llevó a su casa al niño; lo llevó al campo, desde el cual se descubría horizonte vastísimo que solamente un pequeñuelo podría llenar."

** Un jardín es muy bello, ¿verdad? Poned en él un muchacho; agregad un anciano. Así arregla Dios las cosas. Combinando lo que el corazón anhela con lo que desean los ojos, este gran poeta completa, porque el fondo de la naturaleza es el arte: las rosas con el niño, el niño con el viejo."

tan torneado de forma, me consterna, como uno de esos jeroglíficos que suele haber al pie de los periódicos ilustrados. ¡Cómo! ¿Dios coloca habitualmente un anciano y un niño en un jardín para completar las cosas? Pues yo no sabía eso, y tal descubrimiento me llena de inquietudes.

> " *Un nouveau-né vermeil, et nu jusqu au nombril*
> *Couché sur l'herbe en fleurs, c'est aimable, ô Virgile!*
> *Hélas! c'est tellement divin que c'est fragile.* "*

Obsérvese que Virgilio es de la partida, porque viene a rimar perfectamente con *fragile*.

> " *Il faut allaiter Paul; une chèvre y consent.*
> *Paul est frère de lait du chevreau bondissant;*
> *Puisque le chevreau saute, il sied que l'homme marche.* "**

No veo del todo esta consecuencia.

> " *Un an, c'est l'âge fier; croître c'est conquerir;*
> *Paul fait son premier pas, il veut en faire d'autres.*

* "Un recién nacido, rojo y desnudo hasta el ombligo, echado sobre hierba y flores, es adorable. ¡Oh Virgilio ¡Ay! Es tan divino como frágil."

** "Necesario es amamantar a Pablo; una cabra consiente en hacerlo. Pablo es hermano de leche de un cabritillo triscador. Y pues el cabrito salta, conviene que ande el hombre."

Mère, vous le voyez en regardant les vôtres. "*

Este último verso es un horrible ripio, y además resulta incorrecto, porque *les vôtres* no se refiere a nada.

" *Oh! pas plus qu'on ne peut peindre un astre ou décrire*
La foret éblouie au soleil se chauffant
Nul n'ira jusqu au fond du rire d'un enfant,
C'est l'amour, l'innocence auguste, épanouie,
C'est la témérité de la grace inouie.
La gloire d'être pur, l'orgueill d'être debout,
La paix, on ne sait quoi d'ignorant qui sait tout. "**

He reproducido toda esa tirada de versos para llamar la atención, una vez más, sobre el procedimiento del poeta. Amontona los vocablos, toma una molécula, y la infla de tal suerte, que al cabo la molécula estalla. La risa de un niño es cosa adorable, cierto; pero, ¿á qué hablar de astros ni de bosques abrasados por el sol, y a qué buscar la prueba de la

* "¡Un año!; es la edad soberbia; crecer es conquistar; Pablo da su primer paso y quiere dar otros. (Madres, vosotras le veis, mirando a vuestros hijos.)"
** "¡Ah! Como no es posible pintar un astro, o describir la selva deslumbrada calentándose al sol, nadie podrá llegar hasta el fondo de la risa de un niño. Es el amor, la inocencia augusta abierta; es la temeridad de la gracia inaudita; la gloria de ser puro; el orgullo de estar en pie; la paz; no se sabe qué dé ignorante que lo sabe todo."

existencia de Dios en la risa de un rapazuelo? Todo esto no es sino una farsa grandiosa. El lirismo prepondera aquí con exceso sobre lo real.

Abreviemos: muere el abuelo, y Pablo padece en casa de su madrastra. Oigamos el lenguaje de esta mujer, hablando a su verdadero hijo:

" *Ce rire, c'est le ciel prouvé, c'est Dieu visible;*
J'ai volé le plus beau de vos anges, Seigneur,
Et j'ai pris un morceau du ciel pour faire un lange.
Seigneur il est l'enfant; mais il est resté l'ange.
Je tiens le paradis du bon Dieu dans mes bras. "*

¡Qué lenguaje tan raro en labios de una mujer de estos tiempos! Preciso es que Victor Hugo no haya oído nunca hablar a una madre, o que la rima tenga extrañas exigencias. *Lange* es una rima muy aceptable para *l'ange*; pero una madre no dice nunca que ha tomado un pedazo de cielo para hacer una mantilla. Siempre es el poeta que habla; el poeta que no se mete nunca en el cuerpo de sus personajes. Cuando la acción se verifica en la Edad Media, puede tolerarse la sustitución; pero cuando el poeta esco-

---

* "Esta risa es el cielo verdadero, el mismo Dios. ¡Señor!: te he robado el más hermoso de tus ángeles, y he cogido un pedazo de cielo para hacer una mantilla. ¡Señor!: es el niño, pero sigue siendo el ángel; tengo el paraíso de Dios en mis brazos.""

ge un héroe contemporáneo, causan gran extrañeza, a mí me la causan, por lo menos, esas monstruosidades que pone en su boca.

Pablito, lo mismo que El Aguila del Casco, termina con un efecto admirable. Victor Hugo es el hombre de las óperas de gran espectáculo; acaba siempre por conjuntos y con apoteosis. Pablo viene a morir a la puerta del cementerio en que su abuelo ha sido enterrado.

" *Une des ses deux mains tenait encore la grille*
On voyait qu'il avait essayé de l'ouvrir.
Il sentait la quelqu'un pouvant le secourir,
Il avait appelé dans l'ombre solitaire
Longtemps; puis, il était tombé mort sur la terre,
A quelques pas du vieux grand-père, son ami.
N'ayant pu l'éveiller, il s'était endormi. "*

El medio ambiente moderno no es a propósito para este visionario. Lo puebla demasiado con sus sueños. Ha ido donde debía ir: a las fantasías descabelladas de su imaginación, a la resurrección fantástica y mentirosa de los siglos

* "En una de sus dos manos tenía aún la verja; se veía que había procurado abrirla. Sentía el pobre que allí había alguno que podría socorrerle; habíale llamado mucho tiempo en la solitaria sombra; después había caído en tierra muerto, a pocos pasos del abuelo anciano, su camarada. No habiendo logrado despertarle, se había dormido."

muertos. Cuando mira a la tierra, ya no sabe andar. Un jar-
dincillo humilde se convierte en edén. Un muchacho
adquiere la importancia de un Mesías. Las rosas son tan
voluminosas como las coles; los guijarros del camino tienen el brillo del diamante. Digo lo que veo en él, y reco-
nozco espontáneamente que en esta confusión suele haber
admirables y magníficos versos. Por ejemplo: sin dejar de
acusarle de falta de sencillez, me parece, no obstante, de
una sencillez conmovedora el último verso:

" N'ayant pu l'éveiller, il s'était endormi. "

Y es que Victor Hugo –para emplear ese estilo lleno de
imágenes– es un verdadero río desbordado que arrastra
juntamente guijas y oro, aguas cenagosas y aguas cristali-
nas.

VI.

Románticos y naturalistas - Victor Hugo y Balzac.

He pensado muy a menudo en la gran diferencia que ha existido entre los destinos de Balzac y de Victor Hugo, y quiero deducir, de un paralelo entre ellos, la conclusión de este estudio.

Todos sabemos la prolongada obscuridad de Balzac, sus luchas, su muerte cuando llegaba por fin a la fortuna y a la gloria. Balzac fue hasta el fin un combatiente, un ser no comprendido. Mientras vivió, sus obras apenas se vendían; fue menester que los extranjeros le aclamasen para que Francia consintiese en volver hacia él los ojos. No tenía corte en rededor suyo; vivía aislado, abrumado por sus acreedores, ocultando su vida con el pudor del hombre pobre y con la desconfianza del hombre difamado. Ningún discípulo agitaba el incensario ante su persona sagrada; ningún flautista precedía sus pasos para hacer que la muchedumbre formase fila. No entró en la Academia ni en la Cámara de los Pares. No fue ni Rey ni Dios, y al morir, no se llevó el orgulloso pensamiento de haber fundado una Dinastía y una Religión.

Pues bien: Balzac espiraba, lapidado y crucificado, como el Mesías de la grande escuela del naturalismo. La palabra que él había aportado, y que había sido objeto de chacota y desdén, debía germinar lentamente sobre su sepulcro. El trabajo se realizaba bajo tierra. Este escritor, aislado, sin un discípulo, sin público entusiasta, iba a conquistar nuestra literatura toda desde el fondo de la tumba. Su influencia se ha extendido, han venido soldados de su idea, más numerosos cada vez, y hoy forman una legión. Parecía que el hombre había quedado pequeño por la obscuridad relativa de su existencia; pero hoy el bronce de su estatua es ya colosal, y se levanta más cada día. Comenzamos ya a comprender lo que Balzac ha aportado: una fórmula nueva, que es la verdadera, la sola fórmula del mundo nuevo. ¿Y sabéis por qué esa fórmula se impone con tal poderío? Porque es el instrumento esperado; porque con esa fórmula va a ser posible que exista el arte de la sociedad moderna. No hay en él una fantasía literaria, y hay más que la originalidad de un hombre de genio. Al lado del escritor personal hállase en Balzac un iniciador, un hombre de ciencia que ha señalado el camino a todo el siglo XX.

Por lo que respecta a Victor Hugo, tanta gloria saboreó durante su vida, que pudo haber muerto olvidado sin tener motivo para quejarse. Verdad es que también él luchó por sus ideas. Pero, ¡qué batallas tan halagadoras! ¡Y qué triunfos después de cada batalla! Tenía todo un ejército a su favor. Cuando se dirigía al combate, un paje llevaba la coraza, otro el casco, la lanza otro. Mientras se batía, una música por él costeada tocaba aires de victoria. Disfrutó de todos los honores y de todas las bienandanzas. Envejeció abrumado bajo el peso de sus laureles, y manteniéndose erguido, sin embargo, gracias a la robustez de sus hombros. Además, ya he hablado de su magnífica existencia: tal es, que para hallar algún parecido, es necesario recordar los cuentos de hadas. Luego de cumplir los setenta y siete años, pudo creer que tenía en su mano el mundo, que los pueblos le adoraban como al Dios de la poesía, y que cuando él desapareciese, palidecería el sol.

Pues bien: Victor Hugo, que ha arrastrado en pos de sí muchedumbres de fieles, no ha dejado un discípulo para recoger y fundar la religión del maestro. Todo aquel estrépito que se produjo en rededor del escritor vivo, se extinguirá poco a poco en torno del poeta muerto.

La posteridad desimpresionada será severa. ¿Y sabéis por qué será severa? Porque Victor Hugo es el iniciador que se ha equivocado, y sólo ha aportado su fantasía personal, sin encontrar las anchas corrientes del siglo que van al análisis exacto, al naturalismo. Se concederá muy poco precio a todo ese *mare magnum* de la Edad Media, que ni siquiera tiene el mérito de ser histórico. Sorprenderá que hayamos dejado pasar sin reírnos ese montón enorme de errores y de puerilidades. Se buscará al filósofo, al crítico, al historiador, al novelista, al autor dramático, y cuando solamente se halle siempre un poeta lírico, le señalará su sitio: sitio muy grande; pero seguramente no se le señalará el siglo entero; porque en vez de llenar el siglo de luz, poco ha faltado para que le cubra con la masa espesa de su retórica. Dígase lo que se quiera, Victor Hugo no ha ido hacia la verdad, no ha sido el hombre de su tiempo, y esto basta para explicar por qué, en lo por venir, Balzac se engrandecerá y Victor Hugo perderá parte de su grandeza.

Indudablemente, el genio basta, y lo bello vive eternamente. Por eso no tengo en cuenta ahora sino las escuelas literarias, las evoluciones que pueden realizarse en el siglo próximo venidero. No creo en la descendencia de Victor Hugo; éste se llevará consigo el romanticismo, como un andrajo de púrpura, del que se hubiera cortado para sí un manto real. Por el contrario: creo en la descendencia de Balzac, que tiene en sí misma la existencia propia del siglo. Victor Hugo quedará como una originalidad poderosa, y el mayor obsequio que sus amigos piadosos podrían hacerle, después de muerto, sería el de emplear el hacha del leñador en la obra prodigiosa del gran poeta, reunir las cincuenta o sesenta obras maestras que ha escrito en su vida, composiciones en verso de belleza absoluta. Obtendríase de este modo una colección tal, que no podría haberla semejante en ninguna literatura. Las edades venideras se inclinarían ante el rey indiscutible de los poetas líricos. En tanto que, si la posteridad se ve precisada a aceptar la multitud de obras del insigne autor, es de temer que se disguste en presencia de confusión tan increíble de cosas excelentes, medianas y peores: hay cosas completamente inadmisibles, y composiciones que rayan en lo grotesco. Es para mí indudable que, si nadie se atreve a llevar a cabo la colección que pido, esta colección se hará ella misma, en virtud de la fuerza incontrastable de las cosas; solamente sobrenadará el oro entre todas las escorias.

Para concluir, quiero tocar un asunto más delicado todavía. Los cortesanos de Victor Hugo afirman que el maestro tenía en los cajones de su mesa más de veinte tomos de obras inéditas. El poeta había reunido todas esas obras (siempre hablo con referencia a lo que me han contado) para dejar en pos de sí un número considerable de libros que habían de ser publicados sucesivamente y en épocas que se fijarían en su testamento. Compréndese desde luego el mecanismo de las publicaciones póstumas; si dejó, es un ejemplo, original para veinte tomos, y cada año se publicase uno, aparecerían durante veinte años libros inéditos, aunque el autor se halle descansando bajo tierra.

Me complace ver en esto el orgullo de un dios que quiere ser más poderoso que la muerte. Quiere vivir entre sus discípulos y sus fieles, aunque ya su cuerpo no exista. Dejó aquí su palabra; el poeta se levantará todos los años de su tumba para decir: "Escuchadme; aquí estoy". Esto es muy hermoso, y demuestra una rara energía de personalidad. Debió de mezclarse además a la previsión el orgullo. Acaso Victor Hugo sentía que su escuela se desplomaba. No tenía, a lo que parece, gran confianza en el talento de los discípulos que le sobrevivían, y prefirió continuar él mismo la campaña desde el fondo de la tumba. Mientras él tuviese la espada, creeríase seguro de la victoria. Sus obras póstumas son argumentos supremos que tenía él de reserva. Si su memoria era atacada, esas obras responderían por él y confundirían a los críticos.

Por desgracia, este cálculo de su orgullo se volverá contra él. El tiempo anda, se realizan las evoluciones, las generaciones nuevas comprenden menos cada vez lo pasado. La verdad es que, si la segunda serie de la *Leyenda de los siglos* no ha logrado éxito igualmente envidiable que la primera, esto consistió en que la segunda había aparecido en otra época. Las aficiones a lo moderno, el gusto a la verdad y al análisis han aumentado de tal modo, que han venido a dar el último golpe al romanticismo. El público, habituado poco a poco a la verdad, a la pintura de las costumbres contemporáneas; no acepta ya fácilmente las leyendas de la Edad Media, ni los héroes feroces y celestiales, ni todos esos oropeles de la retórica de 1830.

De aquí el fracaso, fracaso relativo, de *la Leyenda de los siglos*. Pero el movimiento no se detendrá; cada año va precipitándose más la evolución naturalista. ¿Puede imaginarse entonces, durante veinte años, un tomo y otro tomo de Victor Hugo cayendo en manos de un público que los leerá y cada vez los comprenderá menos? Estas obras de la ancianidad del poeta deben de ser, necesariamente, inferiores a las de su juventud y a las de su edad madura. Si cuando vivía aún ya comenzaba la indiferencia, ¿qué sucederá cuando ya no existe? Al quinto libro el público pedirá gracia, y a cada tomo que aparezca después, será más profunda la caída.

VII
Canciones de las calles y de los bosques.

Dado Victor Hugo, y dados algunos asuntos para idilios y para églogas, Victor Hugo no podía producir una obra que no fuese la titulada: *Canciones de las calles y de los bosques.*

Este es el teorema que me propongo demostrar.

Así responderé a los asombros de ciertos críticos a los ataques de que es objeto en estos momentos el poeta. Para nada se tienen en cuenta sus antecedentes literarios, nadie se pregunta acerca de la manera de ser de su talento; parece como si cada lector quisiera exigir de Victor Hugo la obra particular que ese lector mismo ha imaginado.

Una vez conocido el título del nuevo libro, comenzaron a trabajar los cerebros; ideó, cada cual según su temperamento, cuadros pintados de cierto modo; construyó cada uno, con elementos distintos, una colección de tales y de cuales cosas. Después, cuando el tomo ha sido leído, hase producido forzosamente una decepción; el lector se ha indignado contra un libro cuyo título le ha engañado: contra ese Cancionero, que no componía canciones; contra ese poeta que paseaba por las calles y por los bosques sin ver lo que los otros ven, y viendo lo que no ven los otros.

No me cansaré de repetirlo: creo que la crítica, tal cual ahora se ejerce, es una monstruosa injusticia. Fuera de la observación, de la comprobación sencilla del hecho, prescindiendo de la historia y del análisis exacto de las obras, no hay más que capricho, fanatismo o indiferencia. No debe haber en esto dogma literario; cada obra es independiente, y ha menester ser juzgada aparte. La ciencia de lo bello es una extravagancia inventada por los filósofos para dar motivo de risa a los artistas. Nunca, en esta materia, podremos hallar una verdad absoluta, porque el conjunto de todas las verdades pasadas sólo puede constituir una verdad relativa, a la que convertirá en mentira la verdad del día siguiente. Es decir, que el espíritu humano es infinito en sus creaciones, y que no podemos reglamentarlo; en verdad, no creo que en esto haya progreso: creo que existe producción perpetua y desemejanza profunda entre las obras producidas. La creación que se continúa en nosotros cambia en cada hora la humanidad; las sociedades son otras, los artistas ven y piensan de modo distinto. Así marcha el arte a través de los siglos, realizado siempre por hombres nuevos, y utilizando siempre nuevos medios de expresión en sociedades también nuevas.

Ante esa producción continua, ante esos millares de obras, todas hijas únicas, dígase si no es pueril encaramarse a la cátedra y dictar gravemente preceptos. Calcúlese la ridiculez del personaje que representaría el que exclamase: "Yo no hubiera procedido así. Ese no es el tono del idilio. Esperaba yo una cosa muy diferente".

– "Y ¿qué nos importa lo que V. habría hecho, ni lo que V, esperaba? A mi juicio, entiende V. de modo muy extraño el oficio de crítico. Nosotros no preguntamos a V. por sus impresiones; cada uno de nosotros tiene las suyas, que valen tanto cuanto las de V. valgan, y que no prueban ni más ni menos que lo que la de V. ha probado. V. es un juez, no un hombre; la misión de V., como crítico, se reduce a estudiar en una obra un cierto estado del genio humano; V. debe aceptar con igual cariño todas las manifestaciones artísticas, como el médico acepta todas las enfermedades, porque en todas esas manifestaciones hallará V. un objeto para el análisis y para el estudio fisiológico y psicológico. El interés grande no es por tal obra ni por cuál autor; ante todo, se trata de la verdad humana; se trata de penetrar el espíritu y la carne; de reconstruir, en su verdadero modo de ser, a un hombre de facultades particulares y poderosas. Conténtese V., por amor de Dios, con ese sencillo menester del anatómico; no se canse queriendo cambiar una criatura para crearla de nuevo a su antojo; estúdiela V. tal cual es; preséntela V. entre nosotros tal cual vive en la realidad; no conciba V. la necia creencia de que el cielo, dándonosla más perfecta, nos la habría dado más grande."

Cada vez que me propongo dar noticia de un libro, siento en mí la necesidad imperiosa de hacer mi profesión de fe; tal es mi temor de que sean mal comprendidas mis intenciones. No me arrogo la misión de aprobar ni de rechazar; me contento con analizar, estrechar y disecar la obra y al escritor, y decir luego lo que he visto. Soy solamente un curioso implacable que celebraría mucho desmontar pieza por pieza la máquina humana para ver cómo funciona el mecanismo y llega a producir tan extraños efectos.

Para el que ha estudiado esta máquina poderosa, sujeta a perturbaciones, que nos ha dado *Hojas de otoño*, *Los Miserables*, *Hernani* y *Las contemplaciones*, no ha debido haber sorpresa en la lectura del libro *Canciones de las calles y de los bosques*.

Victor Hugo, andando por las praderas de Tibulo, debía andar con paso peregrino, con violencia mal reprimida, con turbación a duras penas disimulada. El libro es, lo repito, el producto lógico, inevitable, de un cierto temperamento puesto en presencia de un asunto determinado. No fallaré acerca del mérito absoluto de la obra, pues no creo que una obra de arte pueda tener mérito absoluto; pero explicaré la producción de tal libro, y el por qué, y, sobre todo, el cómo ha nacido.

Y ahora comienza la demostración del teorema que he enunciado al comenzar este artículo.

Victor Hugo fue en su juventud un niño prodigioso, un retórico hábil y de grandes alientos. Escribió sus *Odas* en gran parte con la cabeza, en casi nada con el corazón. Anunciábase entonces como un enérgico domador de

65

vocablos, como un versificador gigantesco que sacaba de las figuras retóricas efectos sorprendentes. Ya aparecían en aquellas obras jóvenes y académicas la afición a lo enorme, la necesidad continua de lo infinitamente pequeño y de lo infinitamente grande; había ya algo de extravío en germen en aquellos hermosos versos fríos y armoniosos, que causaban a veces estremecimientos. Desde aquellas obras primeras, el poeta se ha engrandecido en la dirección que ellas indicaban. Le compararía yo con un hombre que permaneciese durante veinte años con los ojos fijos en el mismo horizonte; poco a poco viene la alucinación, los objetos crecen, se desfiguran; todo se exagera y cada vez toma más ese aspecto ideal que sueña el espíritu extraviado. Puede seguirse, en los treinta tomos que ha publicado, el curso que Victor Hugo ha seguido para ir desde algunos trozos de sus *Odas* hasta otros de sus *Contemplaciones*. Desgraciadamente no puedo realizar aquí ese trabajo instructivo; me contento con afirmar que el poeta, mejor dicho, el profeta de hoy, es el producto directo del niño y del hombre de ayer. No han existido saltos bruscos; el espíritu se ha desarrollado lentamente y ha recorrido el camino que fatalmente debía recorrer.

He empleado la voz profeta; es la única que encuentro para designar hoy con claridad a Victor Plugo. Victor Hugo predica; Victor Hugo predice; afirma que ve más allá de la materia, que ve a Dios; tiene las tristezas, las cóleras, las amarguras bíblicas; nos promete aplastar a Satanás y abrirnos el cielo. No le tenemos entre nosotros, y desde su roca se levanta más grande y más terrible; ha enviado su palabra confusa, extraña, entrecortada; se recrea en las obscuridades, en la trivialidad grandiosa, en la indiferencia de la inspiración divina. Ignoro si acierto a pintar con precisión la actitud adoptada por ese entendimiento vigoroso, inconscientemente sin duda. Este es un hecho que me servirá por sí sólo para comprobar de qué manera han nacido las *Canciones de las calles y de los bosques*.

Figuráos al poeta en su soledad, en su destierro. Encuéntrase allí en rebeldía, después de haber arrojado los dogmas literarios y la política. Tiene la conciencia de su fuerza, se exalta en el reposo y mira fijamente al mundo que se desenvuelve ante él. Entonces es cuando se produce esa alucinación de que antes he hablado. El poeta ya no ve el mundo real sino a través de sus propias visiones. Siempre se ha sacado muy poco de la realidad; Victor Hugo ha sacado de sí mismo toda su obra. Ha creado una teoría imaginaria, a la cual su sentido creador, excitado con la lucha, ha hecho cada vez más peregrina. Además, Victor Hugo es muy sabio y no puede olvidar su ciencia; hace forjado una filosofía extraña, una filosofía de poeta, y la utiliza para la explicación del universo como revelador infalible. Sus sentidos no son tan sencillos como los nuestros; va a ver multitud de cosas, cuya existencia no sospechamos siquiera nosotros; después nos explicará lo invisible, y dará cuerpo a sus más vagos ensueños. Holgaríame yo de presentar a Victor Hugo de pie, ante el lector, tal cual le comprendo, con su equipaje de retórico y sus vestiduras de profeta; celebraría yo poder mostrarlo delirando fríamente, con los ojos desmesuradamente abiertos sobre lo que existe para llegar a verlo que no existe; me alegraría conseguir que se mirase en él la visión interna, para que se comprendiese así que su obra no ha sido nunca otra cosa que el poderoso esfuerzo de su talento, que crea un nuevo mundo de su invención sin utilizar casi nada del antiguo.

Mis lectores comprenderán perfectamente que cuando un hombre de esas condiciones va a los campos, no va como ellos o como yo, a la buena de Dios, para admirar sencillamente la hermosura ingenua de la naturaleza. El poeta Victor Hugo lleva allí todas las turbaciones de que está lleno su cerebro: es un Ezequiel campesino. Además, el mismo Victor Hugo lo dice: para caminar al paso por las sendas floridas del idilio, ha tenido que domar a Pegaso, y aún está sin aliento a consecuencia del extraordinario esfuerzo que ha necesitado hacer para que el gran caballo se sometiera a los modestos andares de un jaco de campo. Mis lectores o yo habríamos salido a pie, hubiéramos cantado los bosques tales cuales son ellos, sin convertir cada uno en un Edén, sin verlos a la luz del ideal. El poeta, caballero en el terrible corcel que se encabrita y está siempre dispuesto a remontar su vuelo, mira al cielo, y canta una tierra inventada por él, sin mirar la que tiene a sus pies.

Nuestros mundos, los mundos de los poetas y de los novelistas, son siempre mundos de creación humana; existe siempre un velo entre los objetos y nuestros ojos, aunque sea un velo muy tenue, y nunca pintamos los objetos sino vistos a través de ese velo. En esto consiste precisamente la personalidad: eso es todo el arte. El velo de Victor Hugo es un tejido de rayos: por eso circunda de aureolas todas las cosas. Coloqúese a un poeta en medio de un paisaje: aquí, un ángulo del bosque; allá, un arroyuelo; después, praderas espaciosas con cortinajes de árboles, y en rededor, colinas bajas y azuladas. Estos pormenores impresionarán el órgano visual del poeta; pero experimentan singulares transformaciones al pasar por los ojos para llegar al cerebro: los unos se engrandecerán, se empequeñecerán los otros, todos se modificarán de cierta manera, y el paisaje descrito no se parecerá al paisaje real, sino como el sueño se parece a la verdad.

Es fácil explicarse por qué hasta los trapos de Victor Hugo son trapos radiantes. Baja del cielo, y tiene los ojos tan cegados aún con la claridad, que vierte luz en todo. El idilio se convierte en himno, una especie de visión luminosa. Los árboles y los carneros son personajes importantes; el trozo de hierba departe amigablemente con la montaña. Existe allí una orgía de rocío y de perfumes. La fantasía, desenfrenada, corta a su gusto en el mundo verdadero, é inventa nuevos soles y campiñas nuevas.

En el fondo se halla siempre la perturbación del profeta. Pegaso no se halla a su gusto en esta naturaleza suave. Sus pies rudos no saben galopar sino sobre peñascos, y resbala sobre el césped. No tiene sus movimientos libres, y desde luego él, el noble caballo que relincha con tanta fuerza, toma un trotecillo amanerado, que da lástima verlo. ¿No recordáis a Corneille patullando en las declaraciones de amor y en las escenas de cortesanía y de etiqueta que el mal gusto de su tiempo le imponía? Pensaba yo en esa ridícula torpeza del antiguo trágico leyendo algunos trozos de *Canciones de las calles y de los bosques*. No se vive impunemente con los ojos clavados en los horrores misteriosos de lo desconocido. Cuando, después, se quiere hablar sencillamente de cosas sencillas, sucede que se rebasa el límite, y la sencillez se convierte en rebuscamiento.

Toda la obra es así: la visión extraña que un profeta, que un poeta sabio y vigoroso ha tenido delante de los campos. En el libro, el poeta se presenta tal como es, exagerado y obscuro a veces, atreviéndose a todo, buscando las sensaciones, las trivialidades, hasta las bromas groseras. Habla de las afueras de París, como Dante habló del cielo y del infierno; se ha instalado ampliamente en el idilio, tropezando con todo, poniendo a contribución los astros y las flores, haciendo un gasto espantoso de luz y de sombra, llevando a la égloga los gustos y las palabras de la oda, cambiando de asunto sin variar de manera, permaneciendo profeta a pesar de todo, y hablando de un átomo de polvo con solemnidades abrumadoras.

Canciones de las calles y de los bosques son uno de los aspectos necesarios y fatales de este genio tumultuoso, lleno de claridades y de tinieblas, a quien yo, si pudiese, estudiaría de buena gana fibra por fibra. Debo confesar que he disfrutado verdaderos goces en la lectura de esas *Canciones*, que eran tales cuales yo las había deducido, por razonamiento, de las obras precedentes. Los curiosos me preguntarán acaso qué es lo que en resumidas cuentas pienso del libro. Les responderé que el libro es la manifestación particular de un estado determinado del espíritu; el producto interesantísimo de una inteligencia que nunca ha creado nada vulgar ni baladí. Me regocija que Victor Hugo se haya decidido a convertirse en pastor, y por nada del mundo hubiera yo querido que su libro fuese de otro modo. Este es el resultado y el complemento de todo lo que el poeta ha escrito; desarrolla su personalidad, completa su pensamiento, acaba de darnos en su totalidad su persona, que ha llenado nuestra época.

Me cuido muy poco de la perfección; no creo en un ideal absoluto. Sólo tengo el áspero anhelo de preguntar a la vida, de tener entre las manos obras vivientes. Por esto me regocija el espectáculo de los grandes hombres que se confiesan con nosotros, sin quererlo; que se entregan en toda su desnudez; que cada día agregan una página a sus confidencias. Poco a poco puedo de este modo reconstruir un ser de carne y hueso; recojo todas las confesiones, levanto acta de cada nueva fase, analizo, sintetizo después, y llego así a tener la explicación de cada acto, de cada palabra. En *Canciones de las calles y de los bosques*, Victor Hugo ha llevado sus confidencias muy lejos, su fisonomía se ha acentuado y hemos tenido la explicación de muchos pormenores que no comprendíamos hasta ahora. Compréndese bien con qué interés habré leído el libro; me ha deleitado, porque más allá de las palabras veía yo al hombre obrar, hablar, erguirse ante mí en toda su verdad; cada verso era una confesión, cada estrofa venía a decirme que el poeta, frente a frente con la naturaleza, se había conducido como yo calculaba. He gozado profundamente la alegría pequeña de haber tenido razón, y la alegría grande de penetrar en el mecanismo secreto de su máquina, toda de bronce y oro, cuya labor colosal he admirado con los éxtasis de un hombre del oficio.

Hay personas –no puedo dejar de insistir en esto antes de terminar– hay personas a quien el título había hecho esperar una obra completamente distinta. Esperábase hallar en la colección las voces callejeras, refranes populares, después canciones campesinas, ingenuidades de aldea. Halagábales la esperanza de que el poeta iba a hacerles vivir en el bosque sencillamente, con los pajarillos y entre los árboles; que entrarían después con él en la villa, andarían sobre sus anchas aceras contemplando el humo de las chimeneas y escuchando el ruido sordo de los albañales. Esperaban, en una palabra, una armonía exquisita formada por risas de los campos y sollozos de la ciudad; cantos alegres y tristes, alegres como una aurora en el follaje temprano, tristes como las nieblas que se arrastran en las encrucijadas obscuras. El poeta los ha engañado, el poeta ha continuado siendo el mismo, enorme, gigante, sin ver otra cosa que su ensueño, recogiendo las flores con una delicadeza amanerada, olvidando por completo la villa de que había prometido hablarnos, y paseándose en los campos jinete en su gran Pegaso, que tropieza con todos los árboles. Y esto, lo repito, era fatal; lo extraño habría sido que el profeta dejase su amplia capa bíblica para ponerse un traje a la moderna. El poeta no vive la vida que vivimos nosotros: vaga perdido en otras partes, en el cielo azul, en los negros abismos; habla de nuestro mundo como hablaría un habitante de Sirio; está demasiado alto para ver bien; ni aun tiene conciencia de que nos conmueve y nos hace llorar. Victor Hugo ya no es un hombre; es un desterrado y un profeta.

Resumiendo: Victor Hugo, al escribir *Canciones de las calles y de los bosques,* ha obedecido a su pasado y a su genio. No podía escribir de otra manera, porque entonces se hubiese engañado a sí mismo y nos hubiese dado una obra cuyo nacimiento no tendría explicación posible.

Que es lo que nos proponíamos demostrar.

ÉMILE ZOLA
(París, 1840-1902)
retratado por Nadar hacia 1890

Ivan Turguenev:
Hamlet y Don Quijote

Émile Zola:
Gustave Flaubert

Marcel Proust:
El caso Lemoine

Wilhelm Dilthey:
Satanás en la poesía cristiana

Emilia Pardo Bazán:
Balzac: la comedia humana

Ramón Gómez de la Serna:
Gérard de Nerval, una vida

Stefan Zweig:
Marceline Desbordes-Valmores

Manuel Azaña:
Cervantes y la invención del Quijote

Ralph Waldo Emerson:
Shakespeare y Goethe

Boccaccio:
Dante Alighieri: su vida y sus obras

Victor Hugo:
William Shakespeare

Mark Twain:
¿Ha muerto Shakespeare?

André Gide:
Oscar Wilde: in memoriam

Guy de Maupassant:
Zola, el revolucionario

Émile Zola:
Balzac

Aldous Huxley:
La vulgaridad en literatura

Ramón Gómez de la Serna:
Baudelaire, el desgarrado

Vladimir Maiakovski:
El baño, drama en seis actos

Ramón Gómez de la Serna:
Oscar Wilde, un retrato

Yevgueni Zamiatin:
La pulga, juego cómico en cuatro actos

W. B. Yeats:
La condesa Catalina

G. K. Chesterton:
Magia, una comedia fantástica

Vladimir Maiakovski:
La chinche, una comedia de magia

Jules Verne:
Edgar Allan Poe y sus obras

Sainte-Beuve:
Molière

· Théophile Gautier:
Balzac